17 Juin 1913

COLLECTION

MARCZELL DE NEMES

PARIS 1913

IMP. MANZI, JOYANT ET Cie — PARIS

COLLECTION

MARCZELL DE NEMES

CONDITIONS DE LA VENTE

Elle sera faite au comptant.

Les adjudicataires paieront *dix pour cent* en sus des enchères.

ORDRE DES VACATIONS

Le Mardi 17 Juin 1913

Tableaux anciens, nos 1 à 27 et 44 à 83.

Le Mercredi 18 Juin 1913

Tableaux anciens, nos 28 à 43, et les Tableaux modernes.

CATALOGUE

DES

TABLEAUX ANCIENS

ET

MODERNES

COMPOSANT LA COLLECTION DE

M. Marczell de Nemes

DE BUDAPEST

Dont la Vente aux Enchères publiques aura lieu à Paris

GALERIE MANZI, JOYANT

15, rue de la Ville-l'Évêque

LES MARDI 17 ET MERCREDI 18 JUIN 1913

à 2 heures 1/2

COMMISSAIRES-PRISEURS

Me F. LAIR-DUBREUIL	**Me HENRI BAUDOIN**
6, rue Favart	*Successeur de M. P. CHEVALLIER*
PARIS	10, rue Grange-Batelière

EXPERTS

M. F. KLEINBERGER	**M. JULES FÉRAL**
9, rue de l'Échelle	7, rue Saint-Georges
MM. DURAND-RUEL & FILS	**MM. J. & G. * BERNHEIM JEUNE**
16, rue Laffitte	*Experts près la Cour d'appel*
PARIS	25, boulevard de la Madeleine

EXPOSITIONS

PARTICULIÈRE : *Le Dimanche 15 Juin 1913.* DE 1 H. 1/2
PUBLIQUE : *Le Lundi 16 Juin 1913. . .* A 6 H.

La vente a produit 5879 000. avec le 10%.
1ère Vacation —
2ème Vacation —

Tableaux Anciens

JACOPO DA PONTE, dit J. BASSANO

7300

1 — *Scène rustique.*

Toile. Haut., 63 cent.; larg., 71 cent. 1/2.

Œuvre de la vieillesse du peintre.
Collection Mr. John Wood, 1872;
— Charles Buttler, 1911.
Exposé à Dusseldorf, au Musée de la ville, 1912, n° 10.

FRANCESCO DA PONTE, dit BASSANO

3500.

2 — *L'Annonciation aux bergers.*

Toile. Haut., 1 m. 32 cent.; larg., 1 m. 82 cent.

Signé : Franc Bass.[is].
Exposé à Dusseldorf, au Musée de la ville, 1912, n° 11.

GIOVANNI BELLINI

75000

3 — *La Vierge avec l'Enfant Jésus et un donateur.* Je n'aime pas ce tableau. Je n'y ai guère confiance.

Bois. Haut., 92 cent.; larg., 70 cent.

Peint vers 1490.
Ce tableau était dans une église, à Venise (W. Roberts).
Collection Dino Barozzi, Venise;
— A. Sanderson, Edinburgh.
Exposé à Dusseldorf, au Musée de la ville. 1912, n° 6.
A consulter : D. von Hadeln, *Zeitschrift für Bildende Kunst,* N. F., XXII, pp. 289, ss.

SANDRO FILIPEPI, DIT BOTTICELLI

4 — *Jésus dans la crèche.*

Peinture à fresque. Haut., 1 m. 53 cent.; larg., 1 m. 34 cent.

Œuvre peinte alors que l'artiste était encore sous l'influence de Filippo Lippi.

Collection de Sir William Nevelli Abdy.

Exposé à Paris, au Musée du Louvre, Œuvre des Orphelins d'Alsace-Lorraine, 1885, n° 312;

à Budapest, au Musée des Beaux-Arts, 1912;

à Dusseldorf, au Musée de la ville, 1912, n° 3.

A consulter : *L'Art et les Artistes*, 1913, XVI, p. 251.

GIOVANNI DI BUSI, DIT CARIANI

5 — *Portrait d'Homme.*

Toile. Haut., 84 cent.; larg., 1 m. 02 cent.

Exposé à Dusseldorf, au Musée de la ville, 1912, n° 7.

AGNOLO GADDI (?)

6 — *Triptyque.*

Bois. Haut. du panneau du milieu, 1 m. 28 cent. 1/2; larg., 68 cent.
Haut. du volet gauche, 1 m. 15 cent. 1/2; larg., 54 cent. 1/2.
Haut. du volet droit, 1 m. 16 cent. 1/2; larg., 55 cent.

Exposé à Budapest, au Musée des Beaux-Arts;

à Dusseldorf, au Musée de la ville, 1912, n° 1.

Voir : SCHUBRING, *Zeitschrift für Bildende Kunst*, N. F., XXII, p. 32.

MICHELE GIOVANNI BONI,
DIT GIAMBONO (?)

7 — ***Entrée de Jésus à Jérusalem.***

Panneau. Haut., 27 cent ; larg., 20 cent. 1/2.

Exposé à Dusseldorf, au Musée de la ville, 1912, n° 2.

SEBASTIANO DI BARTOLO MAINARDI

8 — ***Lamentations autour du Christ.***

Bois. Haut., 86 cent. 1/2 ; larg., 68 cent.

Provient d'une collection particulière de Rome.
Exposé à Dusseldorf, au Musée de la ville, 1912, n° 4.

GIOVANNI BATTISTA MORONI

9 — ***Portrait d'Homme.***

Toile. Haut., 44 cent.; larg., 34 cent.

Signé et daté, 1564.
Collection du Comte Simonski-Tarand.
Exposé à Budapest, au Musée des Beaux-Arts, 1910; à Dusseldorf, au Musée de la ville, 1912, n° 8.
Décrit dans : *L'Art et les Artistes,* 1913, XVI, p. 252.
A consulter : SCHUBRING, *Zeitchr. f. Bild. Kunst,* N. F., XXII, 1910, p. 33.

JACOPO ROBUSTI, DIT IL TINTORETTO

10 — ***Trois Donateurs.***

Toile. Haut., 1 m. 18 cent.; larg., 91 cent.

Fragment d'un grand tableau représentant une prière à la Vierge.
Collection Thiem, de San-Remo.
Exposé à Dusseldorf, au Musée de la ville, 1912, n° 14.
Décrit dans : *L'Art et les Artistes,* XVI, p. 250.

JACOPO ROBUSTI, DIT IL TINTORETTO

11 — *Le Christ et la Femme adultère.*

Toile. Haut., 1 m. 32 cent.; larg., 2 m. 42 cent.

Fut en possession de la famille vénitienne Conde Vidmani.
Exposé à Budapest, au Musée des Beaux-Arts;
à Munich, à l'Ancienne Pinacothèque, 1911, n° 24;
à Dusseldorf, au Musée de la ville, 1912, n° 13.
A consulter : Carlo RIDOLFI, *Le Meraviglie dell' Arte*, Venezia, 1648, t. II, p. 46.

12 — *Portrait d'Homme.*

Toile. Haut., 1 m. 01 cent.; larg., 75 cent.

Exposé à Budapest, au Musée des Beaux-Arts;
à Munich, à l'Ancienne Pinacothèque, 1911, n° 25;
à Dusseldorf, au Musée de la ville, 1912, n° 15.
Voir : *L'Art et les Artistes*, 1913, XVI, p. 250.

13 — *Portrait d'Homme.*

Toile. Haut., 1 m. 20 cent.; larg., 1 m. 02 cent.

Certifié par B. Berenson, Florence.

14 — *La Résurrection du Christ.*

Toile. Haut., 1 m. 90 cent.; larg., 1 m. 47 cent.

Peint à Venise vers 1548, pour la famille patricienne da Mula, en la possession de laquelle l'œuvre demeura jusqu'en 1861.
Collection William Graham, 1886.
— Ch. Buttler.
Exposé à l'Exposition de l'Art vénitien, New Gallery, 1894, n° 5; faisait alors partie de la Collection Ch. Buttler;
à Dusseldorf, au Musée de la ville, 1912, n° 12.

PAOLO CALIARI, DIT VÉRONÈSE

15 — ***La Ville de Venise adorant l'Enfant Jésus et la Vierge.***

Toile. Haut., 1 mètre; larg., 1 m. 35 cent.

Collection Earl of Wicklow;
— Lady Milford, de Londres.
Exposé à Burlington House, 1885;
à la Municipal Art Gallery-Leeds. Loan collection, 1889;
à la New Gallery, London, Winter exhibition, 1897-1898;
à Dusseldorf, Musée de la ville, 1912, n° 9.

GÉRARD DAVID

16 — ***La Vierge allaitant l'Enfant Jésus.***

Bois de forme cintrée. Haut., 42 cent. 1/2; larg., 26 cent.

Provient du Couvent des Carmélites de Salamanque auquel il avait été offert en 1630 par Maria Van Mol, d'Anvers, veuve du secrétaire principal du Statthalter de Flandre, Almancicidor ; plus tard, Maria Van Mol devint nonne dans le dit couvent.

Exposé à Dusseldorf, au Musée de la ville, 1912, n° 23.

Voir : *L'Art et les Artistes*, 1913, XVI, p. 249.

17 — ***La Mise au Tombeau.***

Bois. Haut., 56 cent.; larg., 62 cent. 1/2.

Collection du Cardinal Despuig, à Palma de Majorque.
— de la Comtesse René de Béarn, Paris.

Fit partie originairement d'un tableau d'autel (consulter : BODENHAUSEN, *Gérard David et son École*, p. 168), dont le milieu et un volet se trouvent actuellement dans la collection P. A. B. Widener, à Philadelphie.

Exposé à Dusseldorf, au Musée de la ville, 1912, n° 22.

A consulter : BODENHAUSEN et VALENTINER, *Zeitschrift für Bildende Kunst*, Neue folge, XXII, p. 184.

LE MAITRE DE LA MORT DE LA VIERGE

18 — ***Sainte Famille.***

Bois. Haut., 48 cent.; larg., 36 cent.

Exposé à Budapest, au Musée des Beaux-Arts.

MOOR VAN DASHORST (ANTHONIS), DIT ANTONIO MORO

19 — ***Portrait de Femme.***

Toile. Haut., 90 cent.; larg., 67 cent.

En haut du tableau à droite, on lit en lettres capitales :
ÆTA. 26.
et à gauche : 1577.

Collection du Baron de Beurnonville, Paris.
— du Baron de Hirsch, Paris.

Exposé à l'Exposition des Maîtres hollandais, salle du Jeu de Paume, Paris, 1911, n° 97 ;
à Dusseldorf, 1912.

A consulter : Armand DAYOT, *Grands et Petits Maîtres hollandais*, pp. 138 et 142.

HANS BALDUNG, DIT GRÜN

20 — ***Vénus et Cupidon.***

Bois. Haut., 2 m. 09 cent.; larg., 84 cent.

Signé : H. B. et H. B. 1525.
Galerie du Comte Costa, à Piacenza.
Exposé à Budapest, au Musée des Beaux-Arts, 1911 ;
à Dusseldorf, au Musée de la ville, 1912, n° 24.
A consulter : G. VON TEREY, *Kunstchronik*, t. XXIII, 1912, pp. 254 et 255.

BARTHOLOMŒUS DE BRUYN, LE VIEUX

21 — ***Portrait d'Homme.***

Bois. Haut., 41 cent.; larg., 31 cent. 1/2.

Exposé à Budapest, au Musée des Beaux-Arts, 1911 ; à Dusseldorf, au Musée de la ville, 1912, n° 26.

22 — ***Descente de Croix.***

Bois. Haut., 93 cent.; larg., 87 cent.

Exposé à Vienne, à l'Exposition Mondiale 1873, appart. au Dr E. Posonyi ; à Budapest, au Musée des Beaux-Arts. SCHUBRING, *Zeitschrift für Bildende Kunst,* N. F. XXII, pp. 37, 38. E. FIRMENICH-RICHARTZ, *B. Bruyn und seine Schule.*

23 — ***La Vierge, l'Enfant Jésus, Sainte Anne, Saint Géréon et un Donateur.***

Panneau. Haut., 78 cent. 1/2 ; larg., 58 cent. 1/2.

Vente Neven, à Cologne, n° 2, 1879. Collection Weber, de Hambourg, n° 64. Exposé, en 1904, à l'Exposition d'Art historique de Dusseldorf, n° 68. A consulter, pour l'époque de cette œuvre, de 1530 à 1548 : Joh. Jac. MERLO, *Die Meister der altkölnischen Malerschule,* Cologne, 1852, p. 159 ; nouvelle édition de FIRMENICH-RICHARTZ et KEUSSEN, Dusseldorf, 1895, p. 136 ; WOLTMANN-WOERMANN, *Geschichte der Malerei,* t. II, p. 497 ; PFLUGH-HARTUNG, *Repertorium,* 1885, t. VIII, p. 3 ; A. JANITSCHECK, *Geschichte der Deutschen Malerei,* Berlin, 1891, p. 522 ; E. FIRMENICH-RICHARTZ, *B. Bruyn und seine Schule,* Leipzig, 1881, pp. 108, 109 ; CARL ALDENHOVEN, *Geschichte der Kölner Malerschule,* Lubeck, 1902, p. 383.

LUCAS CRANACH, LE VIEUX

24 — ***L'Annonciation à Joachim.***

Bois. Haut., 61 cent.; larg., 51 cent. 1/2.

Signé du monogramme du peintre et daté 1518.
Collection Glitza, de Hambourg.
Exposé à Dusseldorf, au Musée de la ville, 1912, n° 27.

LUCAS CRANACH, LE JEUNE

25 — *Paysage avec scène de chasse.*

Haut., 71 cent.; larg., 55 cent.

Signé.

Exposé à Dusseldorf, 1912, n° 28.

HANS SUSS VON KULMBACH

26 — *Portrait de Femme.*

Bois. Haut., 58 cent. 1/2; larg., 44 cent.

Dans le haut, on lit les inscriptions suivantes :

à gauche :

J. A. Z. 4. (le **Z** a la signification de **2**)

et à droite :

1. 5. 1. 3. |<|

Consulter les mêmes documents que pour le *Portrait d'Homme.*

27 — *Portrait d'Homme.*

Bois. Haut., 58 cent.; larg., 43 cent. 1/2.

On lit dans le haut, à gauche :

J. A. Z. 7. (le **Z** a la signification de **2**)

et à droite :

1. 5. 1. 3. |<|

Collection : Weber, de Hambourg, n°s 46 et 47.

A consulter : WOLTMANN et WŒRMANN, t. II, p 405.

PFLUGK-HARTUNG, *Repertorium*, 1885, t. VIII, p. 84;

Hub. JANITSCHECK, *Geschichte der deutschen Malerei*, Berlin, 1890, p. 377;

Karl KOELITZ : *Hans Suss von Kulmbach*, Leipzig, 1891, p. 55.

DOMENICO THEOTOKOPULI
DIT EL GRECO

28 — *Sainte Magdeleine.*

Toile. Haut., 1 m. 56 cent.; larg., 1 m. 21 cent.

Peint entre 1578 et 1580.
Collection J. Stchoukine, Paris.
Exposé à Budapest, Musée des Beaux-Arts;
à Munich, à l'Ancienne Pinacothèque, 1911, n° 8;
à Dusseldorf, 1912, n° 62.
A consulter : Cossio, *El Greco*, Madrid, 1908, n° 319;
Schubring, *Zeitschrift für Bildende Kunst*, N. f. XXII, p. 36;
Von Terey, *Der Cicerone*, III, 5;
A.-L. Mayer, *El Greco*, Munich, 1911, p. 36. *El Museum*, I. 460.

29 — *Saint Louis de Gonzague* (1568-1591) *prêtant serment comme membre de la Compagnie de Jésus* (1584).

Toile. Haut., 731 millim.; larg., 568 millim.

A été peint entre 1584 et 1590.
Désigné à tort comme étant le portrait d'Ignace de Loyola et désigné à tort également, par Cossio, n° 324, comme une œuvre de la vieillesse du Greco. Sur la personnalité, consulter : Cossio, pp. 433, ss
Collection D. Pablo Bosch, Madrid.
Exposé à l'Exposition Greco, Madrid, 1902, n° 16;
à Budapest, au Musée des Beaux-Arts;
à Munich, à l'Ancienne Pinacothèque, 1911, n° 13;
à Dusseldorf, 1912, n° 63.
A consulter : A.-L. Mayer, *El Greco*, p. 64.
Reproduit dans A.-F. Calvert, *El Greco*. Planche 27 (*Portrait of a Student*).

DOMENICO THEOTOKOPULI
DIT EL GRECO

30 — *Le Christ portant sa Croix.*

Toile. Haut., 79 cent. 1/2; larg., 58 cent. 1/2.

Montre une composition un peu différente des exemplaires qui sont, l'un au Musée du Prado, et l'autre dans la Collection Beruete.

Exposé à l'Exposition d'Art espagnol chez Heinemann, à Munich, n° 30;

à Budapest, au Musée des Beaux-Arts;

à Munich, à l'Ancienne Pinacothèque, 1911, n° 11;

à Dusseldorf, 1912, n° 64.

A consulter : A.-L. MAYER, *El Greco*, pp. 33 et 40.

31 — *La Sainte Famille avec la corbeille de fruits.*

Toile. Haut., 1 m. 30 cent.; larg., 1 mètre.

Peint entre 1592 et 1596.

Provient d'une église de la paroisse de Torrejon de Velasco, près de Tolède.

Collection Don E. Orossen.

Exposé à Budapest, au Musée des Beaux-Arts;

à Munich, à l'Ancienne Pinacothèque, 1911, n° 14;

à Dusseldorf, 1912, n° 65.

A consulter : COSSIO, n° 310 et pp. 332, 701 et 702;

A.-F. CALVERT, *El Greco*, où ce tableau est reproduit sur la planche 53.

Von TERKY, *Cicerone*, III. *Kunst und Künstler*, IX, 218;

A.-L. MAYER, *El Greco*, p. 40. *El Museum*, t. 460, et *Die Galerien Europas*, 7, 1912, 4° partie, p. 496.

DOMENICO THEOTOKOPULI
DIT EL GRECO

32 — ***Portrait du Cardinal Inquisiteur D. Fernando Niño de Guevara, Archevêque de Tolède*** **(1541-1609).**

Toile. Haut., 74 cent.; larg., 51 cent.

Signé : δομήνικος θεοτοκόπουλος ἐποίει.

Étude pour le grand portrait de la Collection Havemeyer de New-York. Exécutée peu après 1596.

Porte de Santa Maria : Collection du Marquis de la Vega, à Madrid.

Collection Rodolphe Kann, Paris.

Exposé à Budapest, au Musée des Beaux-Arts;
à Munich, à l'Ancienne Pinacothèque, 1911, n° 12;
à Dusseldorf, 1912, n° 66.

A consulter : Cossio, *El Greco*, n° 307, p 424;

Bode, la *Collection Kann*, t. II, n° 143;

A.-F. Calvert, *El Greco*, où ce portrait est reproduit sur la planche 135.

A.-L. Meyer, *El Greco*, pp. 26 et 65; *Die Galerien Europas*, VII, 1912, 4° partie, p. 500.

33 — ***Sainte Famille.***

Toile. Haut., 1 m. 36 cent.; larg., 1 m. 03 cent.

Peint vers 1604, date à peu près de la même époque que la *Sainte Famille avec saint Jean*, du Musée du Prado, et que la *Sainte Famille* de la collection Madrazo, à la Société espagnole d'Amérique, à New-York.

Collection P. Tronchet, à Paris

Exposé à Dusseldorf, 1912, n° 67.

DOMENICO THEOTOKOPULI
DIT EL GRECO

48 000

34 — *L'Annonciation.* Obligation de laisser faire une copie.

Toile. Haut., 1 m. 06 cent. 1/2; larg., 71 cent.

A été peint de 1604 à 1606.
A fait partie de la Collection de Don Maurizio Peña, à Belayos (Province d'Avila).
Exposé à Dusseldorf, 1912, n° 68.

35 — *Jésus au Mont des Oliviers.* 125 000

Toile. Haut., 1 m. 70 cent.; larg., 1 m. 12 cent. 1/2.

Signé : δομήνικος θεοτοκόπουλος ἐποίει.
Œuvre de la vieillesse du maître.
Comparer avec l'exemplaire plus petit du Musée de Lille.
A appartenu à la cathédrale de Sigüenza.
Collection de Guerrara Jungairo, Lisbonne.
Exposé à Budapest, au Musée des Beaux-Arts ;
à Munich, à l'Ancienne Pinacothèque, 1911, n° 9;
à Dusseldorf, 1912, n° 69.
A consulter : VON TERET, *Der Cicerone*, III, p. 4. *Kunst und Künstler*, IX, 218 ;
A.-L. MAYER, *El Greco*, p. 54. et *Die Galerien Europas*, VII, 1912, 4e partie, p. 497.

DOMENICO THEOTOKOPULI
DIT EL GRECO

36 — *Saint André.* 33 000

Toile. Haut., 70 cent.; larg., 53 cent. 1/2.

Signé des deux initiales grecques en bas, sur le bois de la croix.

Œuvre de la vieillesse du maître.

Comparer l'exemplaire des Apôtres, au Musée Greco, à Tolède.

A appartenu à la cathédrale de Sigüenza.

Collection de Guerrara Junzairo.

Exposé à Budapest, au Musée des Beaux-Arts ;
à Munich, à l'Ancienne Pinacothèque, 1911, n° 10 ;
à Dusseldorf, 1910, n° 70.

A consulter : Von Terey, *Der Cicerone*, III, 5, et *Kunst und Künstler*, IX 220 ;
A.-L. Mayer, *El Greco*, p. 89, et *El Museum*, I, p. 462.

37 — ***Le Christ bafoué par les soldats.*** 95 000

Toile. Haut., 1 m. 28 cent.; larg., 1 m. 65 cent.

La composition de cette œuvre si dramatique se retrouve en partie dans le célèbre tableau : ***Le Christ bafoué par les soldats et dépouillé de ses vêtements***, qui est une des merveilles de la cathédrale de Tolède.

Collection de M. Th. Duret, Paris.

A consulter : Cossio, *El Greco*, p. 599, n° 302.

DOMENICO THEOTOKOPULI
DIT EL GRECO

38 — *Portrait d'Homme.* 55 000

Toile. Haut., 55 cent.; larg., 45 cent.

Peut-être cette magistrale étude de figure a-t-elle été faite par le peintre en vue de représenter un apôtre. Il est à supposer que cette physionomie était celle d'un ami ou d'un parent du Greco, car on la retrouve dans le *Christ bafoué*, de la cathédrale de Tolède, dans l'*Enterrement du comte d'Orgaz*, de l'église San Tomé, à Tolède, et dans d'autres œuvres encore.

Certifié par A. de Beruete, Madrid.

Collection Marquis de la Vega.

39 — *L'Immaculée Conception.* 155 000

Toile. Haut., 1 m. 08 cent.; larg., 82 cent.

Peint entre 1613 et 1614.

Appelé auparavant, par erreur : l'*Assomption de Marie*, mais identique à l'*Immaculee Conception*, du maître.

Se trouva d'abord à Cadix, puis à Madrid. Collections Borrondo, Marquis de Casa-Torrès, Marquis de la Vega, D. Luis de Navas.

Exposé à l'Exposition Greco à Madrid, 1902 ;

à l'Exposition d'Art espagnol chez Heinemann, Munich, 1911, n° 31 ;

à Budapest, au Musée des Beaux-Arts ;

à Munich à l'Ancienne Pinacothèque, 1911, n° 15 ;

à Dusseldorf, 1912, n° 7.

A consulter : Cossio, n° 115, p. 351 ;

A.-F. Calvert, *El Greco*, où ce tableau est reproduit sur la planche 33.

A.-L. Mayer, *Cicerone*, III, 293, ss. *Zeitschrift für Bildende Kunst*. N. f. XXII, 81, et *El Greco*, pp. 55 et 56 ; *El Museum*, I, 462.

FRANCISCO DE GOYA Y LUCIENTES

40 — *Portrait de Gasparini.* 29 000

Toile. Haut., 1 m. 07 cent.; larg., 82 cent.

Peint en 1795.
Collection D. Manuel Soler y Alarcon, à Madrid.
— Durand-Ruel, Paris.
Dans le *Goya*, de M. Paul Lafond, ce portrait est catalogué sans nom de personnage (p. 141, n° 244).
Exposé à Dusseldorf, n° 75.
A consulter : V. Von Loga, *Goya*, n° 222.
R. Oertel, *Goya*, n° 57 (où il est catalogué à tort comme le portrait du Comte de Tepa) ;
Catalogue de l'Exposition Goya, à Madrid, 1900, n° 100.

41 — *Scène de Carnaval : El Entierro de la Sardina.* (L'Enterrement de la Sardine.) 60 000

Toile. Haut., 84 cent.; larg., 1 m. 04 cent.

Exécuté en 1815, peut-être comme pendant de l'*Arbre de Mai* de la Galerie nationale, à Berlin.
Collection E. Lopez, à Madrid.
— Ch. Cherfils, à Biarritz.
— Ivan Stchoukine, à Paris.
Exposé à Budapest, au Musée des Beaux-Arts ;
à Munich, à l'Ancienne Pinacothèque, 1911, n° 6 ;
à Dusseldorf, 1912, n° 77.
Consulter : V. Von Loga, *Goya*, p. 89, n° 479 ;
Paul Lafond, *Goya*, p. 112, n° 89.

FRANCISCO DE GOYA Y LUCIENTES

42 — *Enfants jouant à se porter.* (*Las Gigantillas*). non Vendu - Opposition du Gouvernement Espagnol

Toile. Haut., 1 m. 37 cent.; larg., 1 m. 04 cent.

Tableau volé au Musée de Madrid

Peint en 1788 pour être interprété en tapisserie. (Dessus de porte pour une chambre de l'Escurial.)

Exposé à Budapest, au Musée des Beaux-Arts ;
à Munich, à l'Ancienne Pinacothèque, 1911, n° 7 ;
à Dusseldorf, 1912, n° 73.

A consulter : V. Von Loga, *Goya*, p. 57, n° 591 ;
Paul Lafond, *Goya*, p. 147, n° 39.

43 — *Les Buveurs.* 25 000

Toile. Haut., 1 m. 02 cent.; larg., 79 cent. 1/2.

Peint en 1819

Peut-être dédié au début au médecin de Goya, à Rieta, comme le laisse supposer l'inscription encore visible « medico » ; ce ne serait que dans la suite qu'il serait passé dans la collection du duc de Osuna où il était exposé dans le fumoir.

Collection du duc de Osuna, Madrid.

Exposé à Budapest, au Musée des Beaux-Arts ;
à Munich, à l'Ancienne Pinacothèque, 1911, n° 5 ;
à Dusseldorf, 1912, n° 78.

A consulter : A.-F. Calvert, *Goya*, 1908, planche 237 ;
Von Terey, *Kunst und Künstler*, IX, 219 ;
A.-L. Mayer, *El Museum*, I, 468.

ABRAHAM VAN BEIJEREN

pas cher

44 — *Rivage marin, avec poissons.* 11500

Toile. Haut., 91 cent. 1/2 ; larg., 1 m. 138 millim.

Signé : A. v. B. f.

Exposé à Budapest, au Musée des Beaux-Arts ;
à Munich, à l'Ancienne Pinacothèque, 1911, n° 1 ;
à Dusseldorf, 1912, n° 59.

ABRAHAM VAN BEIJEREN

45 — *Nature morte.* 9 200

Toile. Haut., 62 cent.; larg., 52 cent.

Signé : A. v. B. f.
Exposé à Dusseldorf, 1912, n° 54.

QUIERIN BREKELENKAMP Beau

46 — *Le Buveur.* 39 000

Bois. Haut., 347 millim.; larg., 29 cent. 1/2.

Exposé à Dusseldorf, 1912, n° 42.

AELBERT CUYP

47 — *Portrait d'Enfant.* 10 100

Haut., 77 cent.; larg., 63 cent. pas cher

Vente Wedender, Cologne, 1899, n° 49.
Décrit par Dr Hofst, de Groot, t. II, n° 132.
Exposé à Dusseldorf, 1912.

48 — *Paysage avec Bergers, Chasseurs et Vaches.* 48 000

Toile. Haut., 1 m. 07 cent.; larg., 1 m. 54 cent.

Signé à gauche, en bas : A. Cuyp.
Collection Pereire, Paris, 1872.
— Comte de Camondo, Paris.
— Ch. Sedelmeyer, Paris.
Exposé à Budapest, au Musée des Beaux-Arts, 1911 ; à Munich, à l'Ancienne Pinacothèque, 1911, n° 2 ; à Dusseldorf, 1912, n° 40.
A consulter : J.-W. Burger, *La Galerie de M. Pereire* ;
Ch. Sedelmeyer, *Catalogue of 100 paintings*, 1902, n° 6 ;
Hofstede de Groot, *Holländische Maler* (Catalogue raisonné Smith), t. II, n° 312.

JACOB GERRITSZ CUYP 23 000

49 — *Portrait de Geertruy Marseys, épouse de Baltser Schuylenburg.*

Bois. Haut., 1 m. 21 cent. 1/2; larg., 90 cent. 1/2.

Collection Alewyn, à Amersfoort.
— de Ridder. Francfort.
Exposé à Budapest, au Musée des Beaux-Arts, 1911 : à Dusseldorf, 1912, n° 39.

JACOB A. DUCK 12 000

50 — *Les Joueurs de Quilles.*

Bois. Haut., 56 cent.; larg., 82 cent.

Le paysage a été peint par Adam Willarts.
Exposé à Budapest, au Musée des Beaux-Arts, 1911 : à Dusseldorf, 1912, n° 47.

JAN VAN GOYEN pas cher

51 — *Village au bord d'un canal.* 14500

Haut., 45 cent.; larg., 65 cent.

Exposé à Budapest, au Musée des Beaux-Arts, 1911.
Certificat du Dr C. Hofstede de Groot.

DIRK HALS

52 — ***Réunion galante.***

Toile. Haut., 25 cent.; larg., 33 cent.

Signé à droite sur une marche de la fontaine :

DH· ALS
16..

Exposé à Budapest, au Musée des Beaux-Arts, 1911.

FRANS HALS

53 — ***Portrait d'Homme.***

Bois. Haut., 73 cent.; larg., 54 cent. 1/2.

Signé F. H. et daté : *1634.*
Collection Van der Willigen, Haarlem.
— Weber. Hambourg, n° 223.
Exposé à Dusseldorf, 1912, n° 91.
A consulter : Bode, *Studien zur Geschischte der Holländischen Malerei,* Braunschweig, 1880, p. 88 ;
Woltmann und Wœrmann : *Geschischte der Malerei,* t. III, p. 599 ;
Pfugh-Hartung, *Repertorium,* t. VIII, p. 82 ;
E. Firmenich-Richartz, *Katalog der Düsseldorfer Ausstellung,* 1904, n° 313, pp. 128-129 ;
Hofstede de Groot, *Catalogue raisonné,* n° 280.
Voir : A. Dayot, *L'Art et les Artistes,* 1912, XVI, p. 254.

WILHELM KALF

54 — ***Nature morte.***

Haut., 74 cent.; larg., 64 cent.

Signé : W. Kalf.
Exposé au Musée des Beaux-Arts, à Budapest, 1911.

THOMAS DE KEYSER

55 — *Les Joueurs de Trictrac.*

Bois de chêne. Haut., 86 cent. 1/2; larg., 70 cent.

Exposé à Munich, à l'Ancienne Pinacothèque, 1911, n° 19; à Dusseldorf, 1912, n° 44.

A consulter : Kronig, *L'Art flamand et hollandais*, t. VII, 92 ;

Brédius, *Monatshefte für Kunstwissenschaft*, t IV, p. 136.

PHILIPS DE KONINCK

56 — *Paysage.*

Toile. Haut., 74 cent.; larg., 82 cent.

Collection de Mr. Alexander Dennistown, 1894, n° 74.
— A.-F. Walter de Bearwood, London.
Exposé à Munich, à l'Ancienne Pinacothèque, 1911, n° 20 ; à Dusseldorf, 1912, n° 51.

NICOLAAS MAES

57 — *Portrait de famille.*

Toile. Haut., 1 m. 07 cent. 1/2; larg., 1 m. 47 cent.

Exposé à Dusseldorf, 1912, n° 46.

ADRIAEN VAN OSTADE

58 — *La Vieille à la fenêtre.*

Bois. Haut., 27 cent.; larg., 21 cent.

Signé : A. v. Ostade.
Exposé à Budapest, au Musée des Beaux-Arts, 1911.

ADRIAEN VAN OSTADE

59 — ***Scène de cabaret.***

Bois. Haut., 48 cent. 1/2; larg., 66 cent. 1/2.

Signé : A. v. Ostade, 1637.
Collection du prince Estherhazi, à Vienne.
Exposé à Dusseldorf, 1912, n° 49.

REMBRANDT HARMENSZ VAN RIJN

60 — ***Portrait du père de Rembrandt.***

Toile. Haut., 816 millim.; larg., 75 cent.

Signé, à droite en bas, du monogramme de l'artiste : R. T.

Ce portrait est une œuvre capitale de la jeunesse du maître.

Ce portrait sera reproduit et décrit dans l'œuvre du Dr W. BODE, vol. IX, et sera décrit par le Dr C. HOFSTEDE DE GROOT dans son *Catalogue raisonné*, vol. VI.

Collection Mathew Piers-Watt Boulton, of Tew Park.

Exposé à Dusseldorf, 1912, n° 43.

A consulter : BODE, *Zeitschr. f. Bildende Kunst*, Neue Folge, XXIII, p. 210.

Voir : A. DAYOT, *L'Art et les Artistes*, 1913, XVI, p. 225.

61 — ***Étude de tête avec chapeau.***

Bois. Haut., 26 cent.; larg., 23 cent.

Ce tableau sera reproduit et décrit dans le volume IX du Dr W. BODE, *Rembrandt,* ainsi que dans le volume VI du *Catalogue raisonné* du Dr C. HOFSTEDE DE GROOT.

Décrit et reproduit dans A. DAYOT, *Les Grands et les Petits Maîtres hollandais,* 1911.

Cette étude a été peinte vers 1650 ou 1651. Le même personnage se retrouve sur le *Portrait d'homme* signé de 1651, qui fait partie de la collection du Comte Wachtmeister, à Vanas, en Suède.

Exposé à Budapest, au Musée des Beaux-Arts, 1911 ;
à Paris, aux Tuileries, en 1911, n° 126;
à Dusseldorf, 1912, n° 45.

REMBRANDT HARMENSZ VAN RIJN

62 — *Tête d'Homme.*

Bois. Haut., 23 cent. 1/2; larg., 18 cent. 1/2.

Ce tableau sera reproduit et décrit dans le volume IX de l'œuvre du Dr W. Bode, *Rembrandt*, ainsi que dans le volume VI du *Catalogue raisonné* du Dr C. Hofstede de Groot.

Étude pour une des figures de la *Suzanne* peinte en 1647 et appartenant au musée de l'Empereur-Frédéric, à Berlin.

Exposé à Budapest, au Musée des Beaux-Arts, 1911;
à Dusseldorf, 1912, n° 44.

JACOB VAN RUISDAEL

63 — *Le Troupeau de moutons sur le chemin*

Toile. Haut., 47 cent.; larg., 59 cent.

Signé en toutes lettres à droite.

Décrit dans le *Catalogue raisonné* du Dr C. Hofstede de Groot, vol. IV, n° 726.

Reproduit dans le Catalogue de Ch. Sedelmeyer, *Cat. of 100 paintaings*, 1906, n° 34.

Exposé à Budapest, au Musée des Beaux-Arts, 1911.

GÉRARD TERBORCH

64 — *Portrait de Femme.*

Toile. Haut., 61 cent. 1/2; larg., 49 cent. 1/2.

Collection du Baron V. Schacky, Munich.
Exposé à Dusseldorf, 1912, n° 50.

PHILIPS WOUWERMAN

65 — *Scène de cavaliers.*

Toile. Haut., 60 cent.; larg., 68 cent. 1/2.

Signé.
Collection du Baron V. Schacky, Munich.
Exposé à Dusseldorf, 1912, n° 52.

JOOST VAN CRAESBEECK

66 — *Compagnie joyeuse.*

Haut., 26 cent.; larg., 23 cent.

Exposé à Budapest, au Musée des Beaux-Arts, 1911.

ANTOINE VAN DYCK

67 — *Portrait du Cardinal Domenico Rivarola.*

Toile. Haut., 1 m. 02 cent.; larg., 79 cent.

Du Palais Franzone, à Gênes. (Voir : Ratti, *Intruzione in Genova,* 1780, p. 325.)
Ch. Sedelmeyer, Paris.
Collection Mr. Arthur Sanderson, Edinburgh.
Exposé à Burlington House, London, 1903, n° 50;
à l'Exposition d'Art ancien. — L'Art belge au XVIIe siècle. Bruxelles, 1910, n° 128;
à Budapest, au Musée des Beaux-Arts, 1911;
à Dusseldorf, 1912, n° 33.
A consulter : A. Dayot, *L'Art et les Artistes,* 1913, XVI, p. 252.

JAN FYT 28 000

68 — ***Nature morte.***

Toile. Haut., 79 cent. 1/2; larg., 1 m. 16 cent.

Signé : Joanès Fyt.
Exposé à Dusseldorf, 1912, n° 36.

P.-P. RUBENS Beau

69 — ***L'Ensevelissement du Christ.*** 43 000

Bois de chêne. Haut., 42 cent.; larg., 56 cent. 1/2.

Collection Porgès, de Paris.
A été gravé par J. Witdœck.
Exposé à Budapest, au Musée des Beaux-Arts, 1911; à Dusseldorf, 1912, n° 32.
A consulter : Max Rooses, l'*Œuvre de Rubens*, t. II, p. 136, n° 322.
Smith, *Catalogue raisonné*, t. II, n° 164.

70 — ***Portrait de l'Archevêque Antoine Triest, de Gand.*** 85 000

Toile. Haut., 1 m. 21 cent.; larg., 1 m. 09 cent.

A été peint vers 1625.
Collection de Sir George Douglas Clerck, Bart. of Penicuik.
Exposé à Exposition d'œuvres de maîtres anciens à Édimbourg, 1883;
à Budapest, au Musée des Beaux-Arts ;
à Munich, à l'Ancienne Pinacothèque, 1911, n° 23 ;
à Dusseldorf, 1912, n° 30.
A consulter : E. Michel, *Rubens et sa vie*, Londres, 1899, t. II, p. 72 ;
A Davot, *L'Art et les Artistes*, XII, p. 252.

P.-P. RUBENS

71 — ***Portrait de Femme.***

Bois de chêne. Haut., 74 cent.; larg., 61 cent.

Peint vers 1635.
Étude pour le portrait de femme du Musée de Dresde, n° 964, A.
Exposé à Budapest, au Musée des Beaux-Arts;
à Dusseldorf, 1912, n° 33.
A consulter : Max Rooses, t. IV, p. 296, n° 1097.

72 — ***La Femme de l'Apocalypse. (Saint Jean, ch. XII.)***

Bois de chêne. Haut., 62 cent.; larg., 48 cent. 1/2.

Collection Weber, de Hambourg, n° 191.
Exposé à Dusseldorf, 1904 (catalogue de Firmenich-Richartz, n° 271, pp. 114 et 115);
à Dusseldorf, 1912, n° 29.
A consulter : *Rassegna d'Arte*, t. XII, p. 76.

JAN SIBERECHTS

73 — ***Le Gué.***

Toile. Haut., 74 cent.; larg., 83 cent.

Signé : J. Siberechts.
Exposé à Budapest, au Musée des Beaux-Arts, 1911 ;
à Dusseldorf, 1912, n° 38.

74 — ***Paysage avec deux femmes.***

Toile. Haut., 53 cent.; larg., 92 cent.

Exposé à Budapest, au Musée des Beaux-Arts, 1911 ;
à Dusseldorf, 1912, n° 37.

FRANS SNYDERS

75 — *Nature morte avec fruits, fleurs et animaux.*

Toile. Haut., 96 cent.; larg., 1 m. 51 cent. 1/2.

Exposé à Budapest, au Musée des Beaux-Arts, 1911 ; à Dusseldorf, 1912, n° 35.

DAVID TENIERS, LE JEUNE

76 — *Deux chevaux blancs.*

Bois. Haut., 57 cent.; larg., 46 cent. 1/2.

Exposé à Budapest, au Musée des Beaux-Arts, 1911 ; à Dusseldorf, 1912, n° 34.

FRANCESCO GUARDI

77 — *Ruines antiques.*

Toile. Haut., 1 m. 04 cent.; larg., 1 m. 23 cent. 1/2.

Signé. — F.co. G.di.

Collection du Baron Lazzarini.

Le pendant de cette œuvre se trouve en Amérique, dans une collection privée.

Exposé à Budapest, au Musée des Beaux-Arts ;
à Munich, à l'Ancienne Pinacothèque, 1911, n° 16 ;
à Dusseldorf, au Musée de la ville, 1912, n° 21.

A consulter : SCHUBRING, *Zeitschrift für Bildende Kunst*, Neue Folge XXII, 33.

SIR THOMAS LAWRENCE

78 — *Portrait du Comte de Guildford (Francis North, quatrième comte de Guildford).*

Toile. Haut., 76 cent. 1/2.; larg., 64 cent.

Exposé à Budapest, au Musée des Beaux-Arts, 1911; à Dusseldorf, 1912, nº 60.

LE NAIN

79 — *Enfants dansant.*

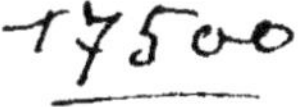

Cuivre. Haut., 34 cent. 1/2; larg., 41 cent.

Signé et daté.

Gravé par Bannermann Boydell sous le titre : *The dancing children*, Londres, 1767.

Originairement dans la collection de Sir Lucas Schaub, 1758; plus ta . dans la collection de Lady Londsdale, à Lowther-Castle.

Exposé à Dusseldorf, 1912, nº 55.

A consulter : A. Valabrègue, *les Frères Le Nain*, Paris, 1904, pp. 91, 108 et 170;

Waagen, *Art Treasures*, vol. III, p. 263.

JEAN-MARC NATTIER

80 — *Portrait de Femme.*

Toile. Haut., 1 mètre; larg., 80 cent.

Signé. — Nattier, 1728.

Exposé à Dusseldorf, 1912, nº 56.

SIR HENRY RAEBURN

81 — *Portrait du Général Campbell.*

Toile. Haut., 1 m. 23 cent.; larg., 1 m. 05 cent.

Collection Sir Rodney Steward Ridell, Bart, Londres.
— Agnew, Londres.
Exposé à Dusseldorf, 1912, n° 59.
A consulter : James GREIG, *Catalogue*, p. 40.

GIOVANNI BATTISTA TIEPOLO

82 — *Esquisse pour un plafond peint, à composition allégorique.*

Toile. Haut., 51 cent.; larg., 33 cent. 1/2.

Exposé à Dusseldorf, au Musée de la ville, 1912, n° 20.

83 — *La Vierge Immaculée.*

Toile. Haut., 34 cent. 1/2; larg., 28 cent.

Esquisse du grand retable fait en 1737 pour l'église du couvent Aracœli, à Vincenza, maintenant au Musée.

Le Musée d'Amiens en possède une variante, certainement inférieure.

Galerie Leistler, à Vienne ; vendue en 1903.
Collection Weber, de Hambourg, n° 163.
Exposé à Dusseldorf, au Musée de la ville, 1912, n° 19.
A consulter : FRIMMEL, *Blatter für Gemaldekunde in Wien*, 1905, p. 15;
E. SACK, *Tiepolo*, n° 328.

Tableaux Modernes

MARY CASSATT

84 — *Dans la Loge.*

Toile. Haut., 80 cent.; larg., 64 cent. 1/2.

Signé à droite : Mary Cassatt.
Exposé à Dusseldorf, au Musée de la ville, 1912, n° 103.

PAUL CÉZANNE

85 — *Nature morte.*

Toile. Haut., 46 cent.; larg., 55 cent. 1/2.

Signé à gauche : Cézanne.
Peint vers 1878. Reproduit dans le tableau de Maurice Denis : *Hommage à Cézanne* (1901).
Collections Georges Viau, Prince de Wagram.
Exposé à Budapest, au Musée des Beaux-Arts, 1911 ;
à Munich, à l'Ancienne Pinacothèque Royale, 1911, n° 28 ;
à Dusseldorf, au Musée de la ville, 1912, n° 113.
Reproduit dans Th. Duret, *les Impressionnistes*, p. 189.

86 — *Le Buffet. (Nature morte.)*

Toile. Haut., 65 cent.; larg., 81 cent.

Peint vers 1880.
Exposé : à Budapest, au Musée des Beaux-Arts, 1911 ;
à Dusseldorf, au Musée de la ville, 1912, n° 115.

PAUL CÉZANNE

87 — *Pommes.* 40 000

Toile. Haut., 46 cent.; larg., 55 cent.

Peint vers 1880.
Collection Alphonse Kann, Paris.
Exposé à Budapest, au Musée des Beaux-Arts, 1911 ;
à Dusseldorf, au Musée de la ville, 1912, n° 114.

88 — *Le Bain.* 44 000

Toile. Haut., 54 cent. 1/2 ; larg., 65 cent.

Peint vers 1887.
Exposé à Budapest, au Musée des Beaux-Arts, 1911 ;
à Dusseldorf, au Musée de la ville, 1912, n° 116.

89 — *Paysage.* 42 000

Toile. Haut., 65 cent.; larg., 81 cent.

Peint vers 1887.
Exposé à Budapest, au Musée des Beaux-Arts, 1911 ;
à Dusseldorf, au Musée de la ville, 1912, n° 118.

90 — *Le Garçon au gilet rouge.* 56 000

Toile. Haut., 79 cent. 1/2 ; larg., 64 cent.

Peint vers 1885.
Exposé à Budapest, au Musée des Beaux-Arts, 1911 ;
à Dusseldorf, au Musée de la ville, 1912, n° 117.
Voir : *Kunst und Künstler*, janvier 1911.

J.-B. CAMILLE COROT

91 — *La Songerie de Mariette. (Portrait de Mme Gambey.)*

Toile. Haut., 80 cent.; larg., 59 cent.

Signé à gauche : Corot.
Peint vers 1869-1870.
Exposition Universelle, Paris, 1900, n° 121.
Exposé à Budapest, au Musée des Beaux-Arts, 1911 ;
à Dusseldorf, au Musée de la ville, 1912, n° 95 ;
à Munich, à l'Ancienne Pinacothèque Royale, 1911, n° 29;
Décrit dans Robaut et Moreau-Nélaton : *L'Œuvre de Corot,* t. III, p. 114, et reproduit sous le n° 1565.

92 — *Canal en Picardie.*

Toile. Haut., 46 cent.; larg., 61 cent.

A droite, estampille de la vente Corot.
Sur le châssis, cachet de la vente Corot.
Vente Corot, 1875, Cat. n° 174.
Collection J. Chamouillet.
Exposé à Budapest, au Musée des Beaux-Arts, 1911 ;
à Dusseldorf, au Musée de la ville, 1912, n° 96.
Cité dans Robaut et Moreau-Nélaton, *L'Œuvre de Corot,* t. III, p. 184, et reproduit sous le n° 1743.

GUSTAVE COURBET

93 — *Le Réveil. (Vénus et Psyché.)*

Toile. Haut., 1 m. 44 cent.; larg., 1 m. 92 cent.

Signé à gauche : Gustave Courbet.
Exposé à Dusseldorf, au Musée de la ville, 1912, n° 89.
Cité dans « Meier-Graeff, *Corot, Courbet.* »

GUSTAVE COURBET

94 — *Paysage près d'Ornans.*

Toile. Haut., 67 cent.; larg., 1 m. 26 cent.

Signé à gauche : G. Courbet.
Collection Prince de Wagram.
Exposé à Budapest, au Musée des Beaux-Arts, 1911 ;
à Munich, à l'Ancienne Pinacothèque Royale, 1911, n° 30;
à Dusseldorf, au Musée de la ville, 1912, n° 82.

95 — *Environs d'Ornans.*

Toile. Haut., 88 cent.; larg., 1 m. 05 cent. 1/2.

Signé à gauche : G Courbet.
Exposé à Dusseldorf, au Musée de la ville, 1912, n° 83.

96 — *Portrait de M. Marlet.*

Toile. Haut., 56 cent.; larg., 46 cent.

Signé des initiales G. C., à gauche.
Collection Th. Duret, Paris.
Exposé à Dusseldorf, Musée de la ville, 1912, n° 84.

97 — *Le Chien d'Ornans.*

Toile. Haut., 65 cent.; larg., 81 cent. 1/2.

Signé à gauche : G. Courbet, et daté 1856.
Étude de détail pour l'*Enterrement à Ornans*.
Exposé à Dusseldorf, au Musée de la ville, 1912, n° 63.

98 — *Femme couchée.*

Toile. Haut., 75 cent.; larg., 95 cent.

Signé à droite : G. Courbet, et daté '62.
Collection Lipmann.
Collection Prince de Wagram, Paris.
Exposé à Dusseldorf, au Musée de la ville, 1912, n° 86.
Voir : MEIER-GRAEFE, *Corot und Courbet*, pp. 179, 180, 187.

GUSTAVE COURBET

99 — *Deux Jeunes Filles devant la mer.* 30 000

Toile. Haut., 95 cent.; larg., 75 cent.

Signé à droite : G. Courbet.
Peint vers 1868.
Collection Baudry.
Collection Prince de Wagram, Paris.
Exposé à Dusseldorf, au Musée de la ville, 1912, nº 87.

100 — *Le Grand Pont.* 19 000

Toile. Haut., 97 cent.; larg., 1 m. 30 cent. 1/2.

Signé à gauche : G. Courbet.
Exposé à Dusseldorf, au Musée de la ville, nº 90.

101 — *Marine. (La Vague.)* 8 700

Toile. Haut., 67 cent.; larg., 62 cent.

Signé à gauche : G. Courbet, et daté 70.
Exposé à Dusseldorf, au Musée de la ville, 1912, nº 88.

102 — *Ruisseau dans la forêt.* 4 100

Toile. Haut., 54 cent.; larg., 65 cent.

Signé à gauche : G. Courbet
Collection Th. Duret, Paris.
Exposé à Budapest, au Musée des Beaux-Arts, 1911.

EDGAR DEGAS

103 — *Les Ballerines.* 28 500

Pastel. Haut., 36 cent. 1/2; larg., 49 cent.

Signé à gauche : Degas
Exposé à Budapest, au Musée des Beaux-Arts, 1911.
à Munich, à l'Ancienne Pinacothèque Royale, 1911, nº 31;
à Dusseldorf, au Musée de la ville, 1912, nº 111.

EDGAR DEGAS

104 — *Les Trois Danseuses.* 15 000

Pastel. Haut., 49 cent. 1/2; larg., 46 cent. 1/2.

Signé à gauche : Degas.
Exposé à Budapest, au Musée des Beaux-Arts, 1911 ; à Dusseldorf, au Musée de la ville, 1912, n° 112.
Cité dans *Kunst und Künstler* (9e année), par le Dr G. VON TEREY.

PAUL GAUGUIN

105 — *Mariage à Mataïea.* 6 200

Toile. Haut., 50 cent.; larg., 90 cent.

Signé à droite : P. Gauguin, et daté 92, TE FARE HYMENEE.
Exposé à Dusseldorf, au Musée de la ville, 1912, n° 119.
Voir : GAUGUIN, *Noa-Noa*, p. 63.

VINCENT VAN GOGH

106 — *Nature morte.* 32 000

Toile. Haut., 51 cent.; larg., 65 cent.

Peint vers 1887.
Exposé à Dusseldorf, au Musée de la ville, 1912, n° 121.

107 — *Paysage.* 14 000

Toile. Haut., 64 cent.; larg., 78 cent.

Peint vers 1887.
Exposé à Budapest, au Musée des Beaux-Arts, 1911.

ÉDOUARD MANET

108 — ***La Négresse.***

Toile. Haut., 61 cent.; larg., 50 cent.

Collection Gonzalès.
Collection Pellerin.
Collection Prince de Wagram.
Étude pour l'*Olympia*, du Musée du Louvre.
Exposé à Budapest, au Musée des Beaux-Arts, 1911 ; à Dusseldorf, au Musée de la ville, 1912, n° 97.
Cité dans DURET, *Manet*, n° 45.

109 — ***Portrait de M. Georges Clémenceau.***

Toile. Haut., 1 m. 14 cent.; larg., 94 cent.

Exposé à Budapest, au Musée des Beaux-Arts; à Dusseldorf, au Musée de la ville, 1912, n° 100.
Cité dans DURET, *Édouard Manet, sein Leben und seine Kunst*, p. 294; et dans MEIER-GRAEFE, « *Die Impressionisten* ».

110 — ***La Rue de Berne (le 30 juin 1878).***

Toile. Haut., 65 cent.; larg., 81 cent.

Signé à gauche : Manet, et daté 1878.
Vente Manet, 1884, n° 56.
Collection Pellerin, Paris.
Exposé à Budapest, au Musée des Beaux-Arts; à Munich, à l'Ancienne Pinacothèque Royale, 1911, n° 32; à Dusseldorf, au Musée de la ville, 1912, n° 99.
Cité dans H. DE TSCHUDI, *Manet*, pp. 38, 42; — DURET, *Manet*, n° 241.

111 — ***Pêches.***

Toile. Haut., 29 cent. 1/2; larg., 40 cent. 1/2.

Signé à droite : Manet.
Peint vers 1881-1882.
Exposé à Budapest, au Musée des Beaux-Arts, 1911; à Munich, à l'Ancienne Pinacothèque Royale, 1911, n° 33; à Dusseldorf, au Musée de la ville, 1912, n° 101.

CLAUDE MONET

112 — *Dans le Parc.* 4200

Toile. Haut., 74 cent.; larg., 56 cent.

Signé à droite : Claude Monet.
Exposé à Budapest, au Musée des Beaux-Arts, 1911.

113 — *Plage.* 95000

Toile. Haut., 65 cent.; larg., 82 cent.

Signé à droite : Claude Monet.
Exposé à Budapest, au Musée des Beaux-Arts ;
à Munich, à l'Ancienne Pinacothèque Royale, 1911, nº 34 ;
à Dusseldorf, au Musée de la ville, 1912, nº 104.

BERTHE MORISOT

114 — *Deux Dames dans un paysage.* 9200

Toile. Haut., 61 cent.; larg., 37 cent. 1/2.

Exposition des œuvres de Berthe Morisot, galeries Durand-Ruel, Paris, 1896, nº 90 du catalogue.
Exposé à Dusseldorf, au Musée de la ville, 1912, nº 102.

PIERRE-AUGUSTE RENOIR

115 — *Étude de nu.* 8000

Pastel. Haut., 35 cent.; larg., 44 cent.

Signé à droite : Renoir.
Exposé à Budapest, au Musée des Beaux-Arts, 1911.

116 — *Paysage.* 4300

Toile. Haut., 32 cent.; larg., 41 cent.

Signé à droite : Renoir.
Exposé à Budapest, au Musée des Beaux-Arts, 1911.

PIERRE-AUGUSTE RENOIR

117 — *Fleurs.* 23 000

Toile. Haut., 73 cent.; larg., 92 cent.

Signé à gauche : Renoir.
Exposé à Budapest, au Musée des Beaux-Arts, 1911 ;
à Munich, à l'Ancienne Pinacothèque Royale, 1911, n° 36 ;
à Dusseldorf, au Musée de la ville, 1912, n° 110.

118 — *Portrait de Femme.* 26 700

Pastel. Haut., 65 cent. 1/2; larg., 50 cent.

Signé à droite dans le haut : Renoir.
Exposé à Budapest, au Musée des Beaux-Arts ;
à Munich, à l'Ancienne Pinacothèque Royale, 1911, n° 35 ;
à Dusseldorf, au Musée de la ville, 1912, n° 109.

119 — *La Famille Henriot.* 75 000

Toile. Haut., 1 m. 12 cent. 1/2; larg., 1 m. 61 cent. 1/2.

Signé à droite : Renoir.
Peint vers 1876.
Exposé à Dusseldorf, au Musée de la ville, 1912, n° 108.

120 — *Le Moulin de la Galette.* 17 100

Toile. Haut., 64 cent. 1/2; larg., 85 cent.

Signé à gauche : A. Renoir.
Étude pour le tableau plus grand, du même sujet, peint en 1876, qui se trouve au Musée du Luxembourg.
Collection Prince de Wagram, Paris.
Exposé à Budapest, au Musée des Beaux-Arts, 1911 ;
à Dusseldorf, au Musée de la ville, 1912, n° 107.
Cité dans J. MEIER-GRAEFE, *Renoir*, Munich, 1911, p. 60.

ALFRED SISLEY

121 — *Paysage.* 5000

Haut., 92 cent.; larg., 73 cent.

Signé à droite : Sisley, et daté 78.
Exposé à Budapest, au Musée des Beaux-Arts, 1911.

47 A Cuyp Enf assis à terre 10100
46 Brekelenkam Le Couvent 9000
19 Ant Moro P de fe 23000
62 Rembrandt Tête de (W.) 540000
60 id Le père de R — 516000
61 id — h avec chapeau 95000
53 F Hals fe — 290000
51 Van Goyen Village Eau 14500
262 H Suss P dh - fe 55000
18 M de la mort Ste famille 34000
4 Botticelli Nativité 80000
16 J David La Vallant J 120000
11 Tintoret La fe adultère 240000
13 id P dh 4600
78 Lawrence Cte 13000
81 Raeburn General 85000

69 Rubens Pieta 43000
id P de fe 34000
72 Tintoret P dh 31000
45 Beyeren Nature morte 9200
54 Kalf 18500
58 Ad Van Ostade La vieille 5100
66 Craesbeck Joyeux 7500
79 Le Nain Enfts dans 17500
75 Snyders Nature morte 18000
68 Fyt id 28000
44 Beyeren Rivage 11500
48 A Cuyp Vache chassée 48000
1 J Ponte Scène rustique 7300
Courbet P de Marlet 5500
id fe couchée 36100

Liste par ordre d'accrochage

52 Dirk Hals. Réunion galante
65 Wouwermans Scène de Cavaliers
56 Ph de Koninck. Paysage
47 A. Cuyp. P. d'enf assis à terre
46 Brekelencamp le Buveur
63 J Ruysdael (moutons sur le chemin) troupeau de
19 Antonio Moro P de fe debout. t. chien
62 Rembrandt (P tabl) Tete d'h Wartheim?
60 - id - Le pere de Rembrandt début
61 - id - P d'h avec chapeau
53. F. Hals. P d'he
51 Van Goyen Village sur canal
64 Terburg fe debout
49 J. Guerritge Cuyp P de f assise
24 L Cranach le Vx - Annonciation à Joachim
26 Hans Suess P d'he
27 Von Culmbach P de fe.
23 B de Bruyn le Vx Adoration
18 Le maître de la mort de la V. Ste Anne
22 B. de Bruyn le Vx. Pieta
4 Botticelli. Nativité, Adoration
83 G B Tiepolo L'Assomption
82 - id - Un St au Ciel
16 G. David La Vallait. J.
17 - id - Mise au tombeau
43. Goya. Les buveurs.
40 - id - P d'h - (Gasparini)
80 Nattier P de fe
110 Manet La Rue de Berne
114. Berthe Morisot 2 fe paysage
91. Corot Songerie de Mariette

41 Goya. L'enterrement de la Sardine
42 id Enfts jouant à de potes.
3 G Bellini. La V. J. & donateur

14. Tintoret Resurrection du C.
8 Mainardi Lamentation autour du C
11 Tintoret Le C & la f. adultère
13 - id - P d'he
78 Lawrence Ctesse de Guildford
81 Raeburn General Campbell
72 Rubens La f de l'apocalypse
70 id L'archevêque Triest de Gand
69 - id - L'ensevelissement du C.
67. Van Dyck P du Cardinal Rivarola
71 Rubens P de fe [illegible]
10 Tintoret 3 Donateurs
15 Veronese La Ville de Venise
12 Tintoret P d'h, mains adroit
9. Giov Bat. Moroni Tete d'h.
1. J. Ponte da Bassano Scène rustique
5 Giov. de Busi dit Cariani P d'h à un citron
28. Greco Ste Madeleine
34 - id - L'annonciation
31 - id - Ste famille, corbeille de fruits
29. - id - St Louis de Gonzague Cie de J.
36 - id - St André
37 (Milieu) id - Le C bafoué par les soldats.
32. id - Cardinal Inquisiteur [illegible]
38 id P d'he.
33. id Ste famille
39. id L'Immaculée Conception
35 - id J aux oliviers.
30 - id [illegible]

93 Courbet L'a Réveil (les 2 fem)
105 Gauguin Mariage à Mataeia
116 Renoir Paysage
108 Manet La negresse
112 Cl Monet Dans le parc
113 Cl. Monet. Plage
104 Degas. Les 3 danseuses.
111 Manet Pêches.
118 Renoir. Pt de fe
119 - id - (Milieu) La famille Henriot
117 - id - fleurs.
115. Renoir - Fe une dorm.
103. Degas. Les ballerines.
84. Miss Cassatt Dans la loge
88. Cezanne. Le bain
86 Cezanne Le buffet.
85 - id - nature morte
90 Cezann. Le garçon gilet rouge
87 id - Pommes.
89 - id - Paysage
107 Van Gogh Paysage
106 id - nature morte
121 Sisley. Paysage
109. Manet Clemenceau.
120. Renoir Le moulin de la galette

Escalier

96. Courbet Pt de Mr Marlet
94 - id - Paysage près d'Ornans
101 id - La Vague
98 id - fe Couchée.
100. id - Le gd Pont
97. id - Le Chien d'Ornans.
102. id - Ruisseau (Forêt)

95 Courbet [illegible] Environs d'Ornans
99 - id - 2 Jes filles des la mer
20 Hans Baldung Grün Vénus & Cupidon
2 Francesco da Ponte Bassano L'annonciation

Petites pieces.

73. Siberechts. Le Gué.
45. Beijeren. nature morte
55. Th de Keyser. Joueurs de trictrac
54. Kalf. Nature morte
74. Siberechts Paysage 2 fes.
50. J A Ducq. Joueurs de quilles
57 Nicolas Maes. Pt de famille.
59. Ad. Van Ostade. Scene de cabaret.
21. Bart de Bruyn le Vx Pt h-
76. Teniers. 2 chevaux blancs ...
58 Ad. Van Ostade. La vieille à la fenêtre
25 Lucas Cranach le Jeune. Ochasse.
66 Craesbeeck. Compagnie Joyeuse.
79. Le Nain Enfants dansant.

Antichambre.

75 F Snyders. Nature morte
68 J Fyt. Nature morte
44 Van Beijeren Rivage, poisson
48 A. Cuyp. Paysage, berger, chasse & Vaches
77 Guardi Ruines antiques
Gd table grand d'échelle

www.ingramcontent.com/pod-product-compliance
Ingram Content Group UK Ltd.
Pitfield, Milton Keynes, MK11 3LW, UK
UKHW022145170726
13837UKWH00004B/1797

9 782329 511153